Impressum
Verlag: BABADADA GmbH, Nedderfeld 112 , 22529 Hamburg
Geschäftsführer / Verlagsleitung: Harald Hof
Druck: Books on Demand GmbH, In de Tarpen 42, 22848 Norderstedt

Imprint
Publisher: BABADADA GmbH, Nedderfeld 112 , 22529 Hamburg, Germany
Managing Director / Publishing direction: Harald Hof
Print: Books on Demand GmbH, In de Tarpen 42, 22848 Norderstedt

dugsi
shule

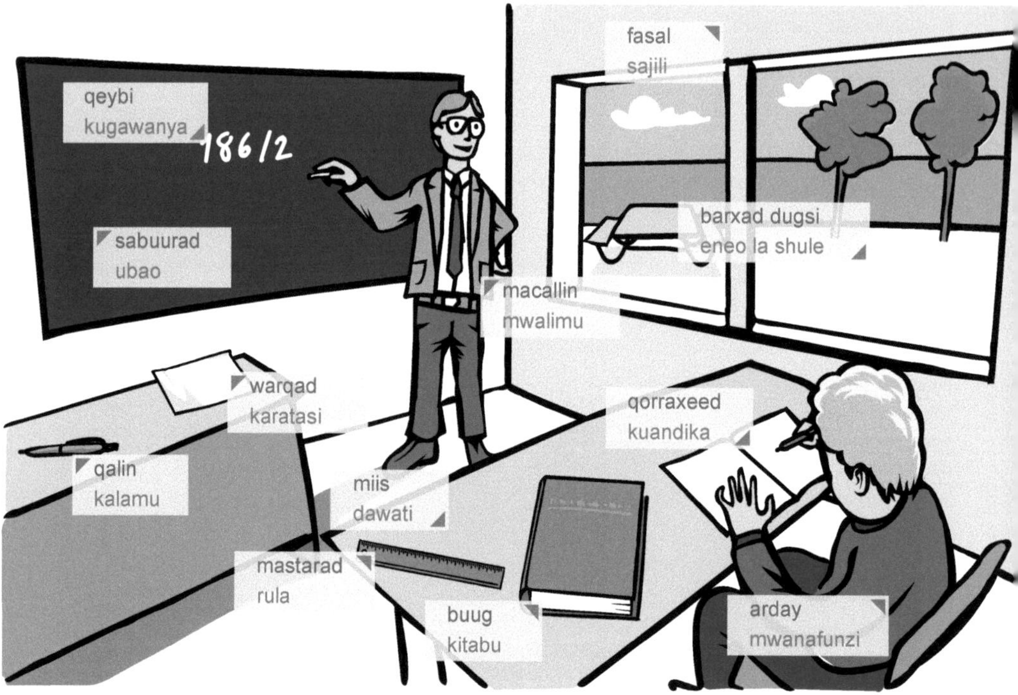
qeybi
kugawanya
186/2
sabuurad
ubao
fasal
sajili
barxad dugsi
eneo la shule
macallin
mwalimu
warqad
karatasi
qorraxeed
kuandika
qalin
kalamu
miis
dawati
mastarad
rula
buug
kitabu
arday
mwanafunzi

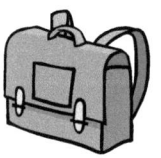

boorso

mkoba

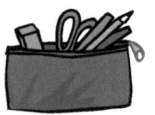

kiis qalin-qori

kikasha cha penseli

qalin-qori

penseli

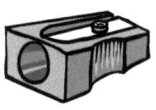

koobka qalin qor

kichonga penseli

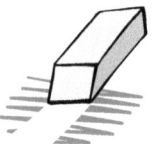

titirre

mpira

buugga sawirka

pedi ya kuchora

sawirid

uchoraji

burushka midabaynta

brashi ya rangi

gasaca midabaynta

sanduku la rangi

maqasyo

mkasi

koollo

gundi

buug qoraal

daftari

shaqo-guri

kazi ya nyumbani

12

lambar

nambari

2+2

ku dar

jumlisha

5-2

ka jar

ondoa

2×2

ku dhufo

zidisha

xisaabi

kokotoa

warqad

barua

ABCDEFG
HIJKLMN
OPQRSTU
VWXYZ

alifbeeto

alfabeti

hello

erey

neno

qoraal

maandishi

akhri

kusoma

jeesto

chaki

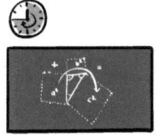

cahsar

somo

diiwaan

sajili

imtixaan

uchunguzi

shahaado

cheti

direes dugsi

sare za shule

waxbarasho

elimu

diwaan mowduuceed

elezo

jaamacad

chuo kikuu

mayskariskoob

darubini

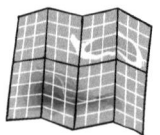

khariidad

ramani

haan qashin-gur

kikapu cha kuweka karatasi chafu

safar
usafiri

hoteel
hoteli
Grand
hoteel jiif-cunto
hosteli
ROOMS
EXCHANGE
xafiiska sarrifaka lacagaha
ofisi ya ubadilishanaji
shandad-dhar
sanduku
baabuur
gari

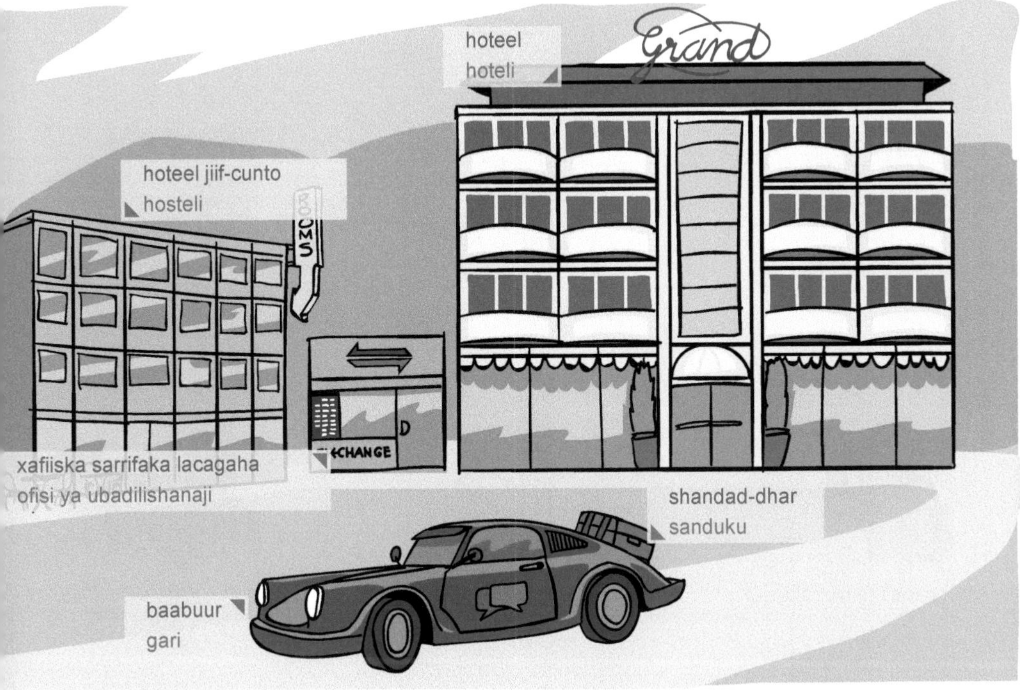

luuqad

lugha

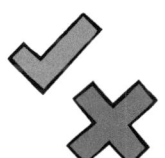

haa / maya

ndiyo / la

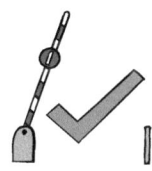

Hagaag

sawa

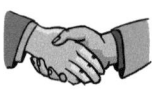

nabad miyaa

hujambo

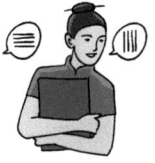

turjumaan

mtafsiri

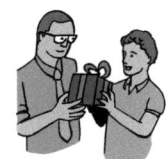

Waad mahadsan tahay

Asante

waa immisa...?

kiasi gani ni ...?

ma aanan fahamin

Sielewi

dhibaato

tatizo

galab wanaagsan!

Jioni njema!

subax wanaagsan!

Habari za asubuhi!

habeen wanaagsan!

Usiku mwema!

nabad gelyo

kwa heri

jiho

mwelekeo

alaabo

mizigo

boorso

mfuko

boorso-dhabar

shanta

marti

mgeni

qol

chumba

katiifad

begi la kulalia

teendho

hema

xog dalxiis

taarifa ya utalii

xeebta

ufuo

kaar amaah

kadi

quraac

kifunguakinywa

qado

chakula cha mchana

casho

chakula cha jioni

rasiid

tiketi

wiish

kuinua

tiimbare

muhuri

xuduud

mpaka

qeybta-canshuur-bixinta

mila

safaarad

ubalozi

dal ku gal

visa

baasaboor

pasipoti

gaadiid
usafiri

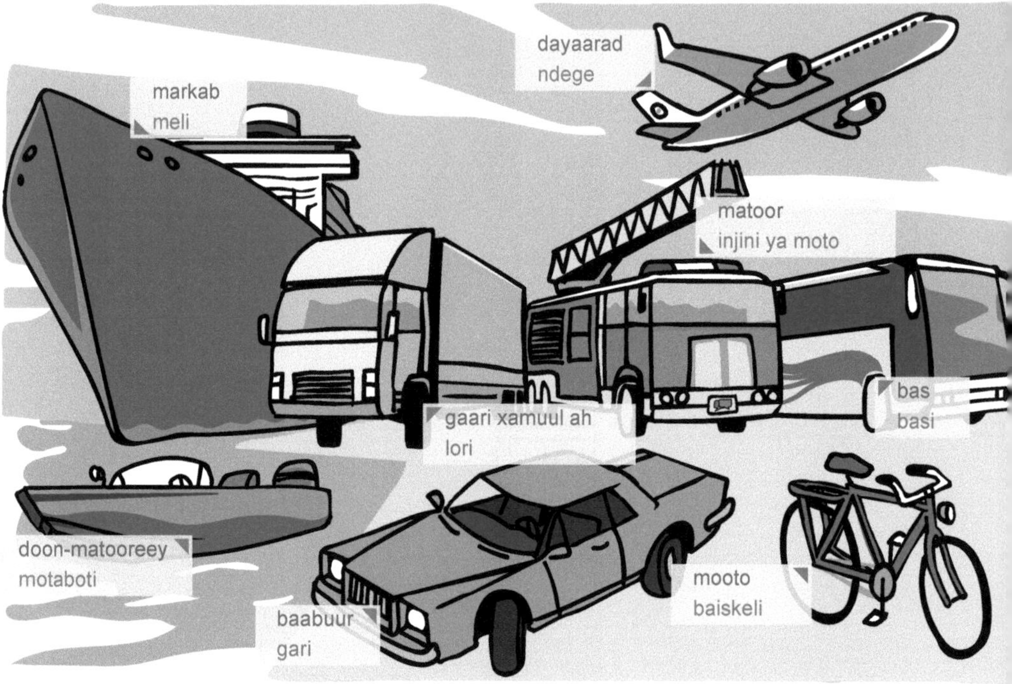
dayaarad
ndege
markab
meli
matoor
injini ya moto
bas
basi
gaari xamuul ah
lori
doon-matooreey
motaboti
mooto
baiskeli
baabuur
gari

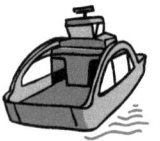

doon

feri

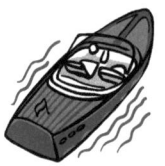

doonnida

mashua

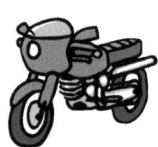

mooto

pikipiki

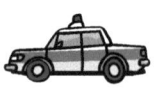

baabuur booliis

gari la polisi

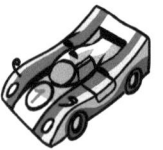

baabuur baratan

gari la mashindano

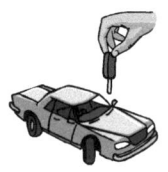

baabuur la-kiraysto

gari la kukodisha

gaadiid-wadaag

kushiriki gari

wiishle

lori la kuvuta

gaari qashin-gure

ukusanyaji taka

matoor

motor

shidaal

mafuta

ajib

kituo cha mafuta

calaamad taraafiko

ishara trafiki

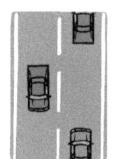

taraafiko

trafiki

jaam baabuur

msongamano

baarkin-baabuur

maegesho

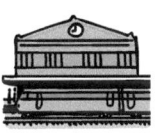

boosteejo tareen

kituo cha treni

waddo-tareen

reli

tareen

garimoshi

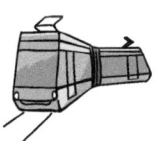

taraam

tremu

gaari faras

gari la mizigo

helikobtar

helikopta

garoonka dayuuradaha

uwanja wa ndege

manaarad

mnara

rakaab

abiria

weel

chombo

kartoon

katoni

gaari faras

mkokoteni

dambiil

kikapu

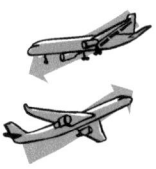

kicid / degis

ondoka

magaalo
jiji

tuulo

kijiji

faras magaale

katikati ya jiji

guri

nyumba

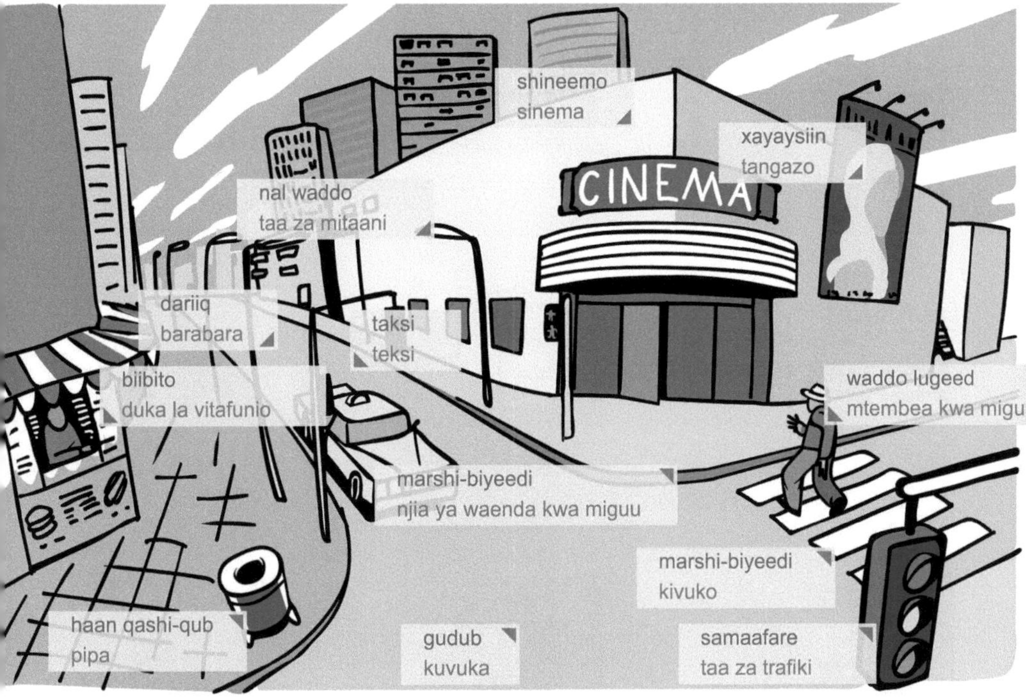

shineemo
sinema

xayaysiin
tangazo

nal waddo
taa za mitaani

CINEMA

dariiq
barabara

taksi
teksi

biibito
duka la vitafunio

waddo lugeed
mtembea kwa migu

marshi-biyeedi
njia ya waenda kwa miguu

marshi-biyeedi
kivuko

haan qashi-qub
pipa

gudub
kuvuka

samaafare
taa za trafiki

mundul
....
kibanda

dabaq
....
gorofa

boosteejo tareen
....
kituo cha treni

xarunta dowladda-hoose
....
ukumbi wa mji

matxaf
....
Makavazi

dugsi
....
shule

jaamacad

chuo kikuu

bangi

benki

isbitaal

hospitali

hoteel

hoteli

farmasi

duka la dawa

xafiis

ofisi

buug shoob

duka la kitabu

dukaan

duka

dukaan ubax

duka la maua

carwo

dukakuu

suuq

soko

suuq weyne

idara ya kuhifadhi

kalluun-iibshe

mwuza samaki

suuq

kituo cha ununuzi

furdo

bandari

jardiino

Hifadhi

kursi

benki

buundo

daraja

jaraanjaro

vidato

waddo-tareen-hoosaad

chini ya ardhi

waddo-dhul hoose

handaki

boosteejo

kituo cha mabasi

baar

bar

makhaayad

mgahawa

sanduuq boosto

sanduku la posta

calaamad waddo

ishara ya barabara

joogid-cabbire

mita ya maegesho

beer-xayawaan

bustani ya wanyama

barkad dabbaalasho

kidimbwi cha kuogelea

masaajid

msikiti

beer
shamba

naqas
uchafuzi

qabuuro
makaburini

kaniisad
kanisa

garoon
uwanja wa michezo

macbad
hekalu

muqaal-dhireed

mazingira

caleen
jani

calaamad-waddo
ishara ya mwelekeo

waddo
njia

seere
malisho

dhagax
jiwe

buur korre
mtembeaji wa masafa

geed
mti

webi
mto

caws
nyasi

ubax
ua

dooxo
bonde

buur
kilima

laag
ziwa

kayn
msitu

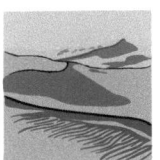

saxare
jangwa

foolkaano
volkano

qasri
ngome

qaanso-roobaad
upinde wa mvua

barkin-waraabe
uyoga

geed timireed
mtende

kaneeco
mbu

duqsi
kuruka

qoraanjo
chungu

shinni
nyuki

caaro
buibui

dameer-duudeey

mende

rah

chura

dabagaalle

kuchakuro

kashiito

nungunungu

dabagaalle

sungura

guumeys

bundi

shimbir

ndege

boolo-boolo

swan

doofaar-jilibeey

nguruwe mwitu

deero

kulungu

faras-duur

aina ya kongoni

biyo-xireen

bwawa

tamar-dhaliye

tabo ya upepo

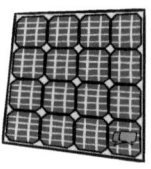

soollar

nishaji ya jua

cimilo

hali ya hewa

makhaayad
mgahawa

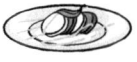

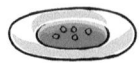

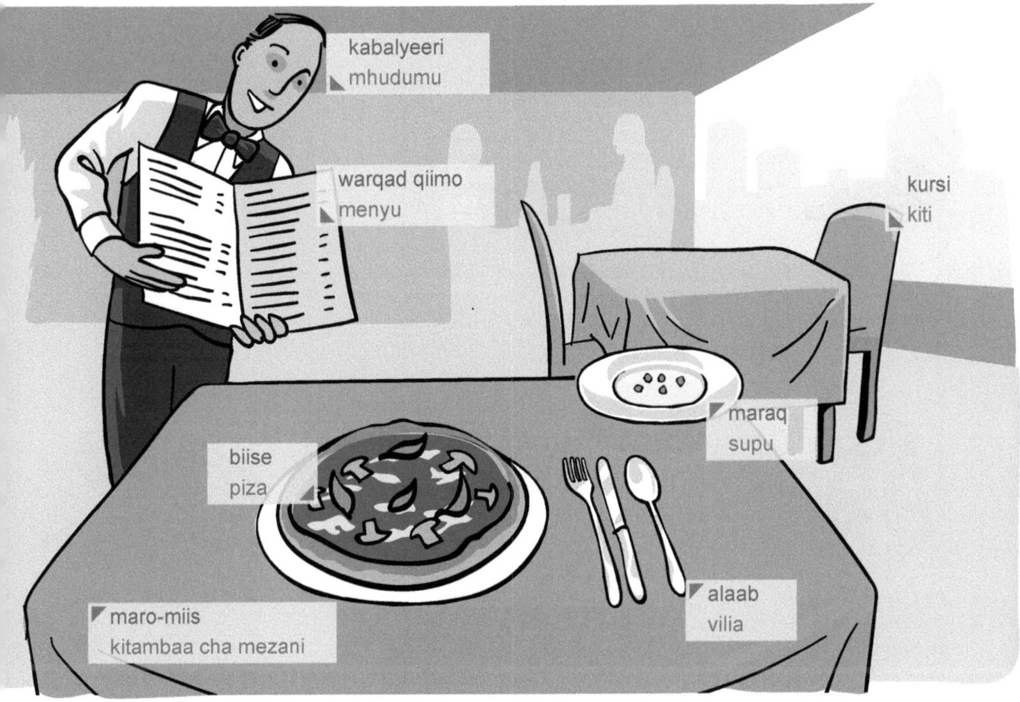
kabalyeeri
mhudumu
warqad qiimo
menyu
kursi
kiti
maraq
supu
biise
piza
alaab
vilia
maro-miis
kitambaa cha mezani

af-billow
....
kiamsha hamu

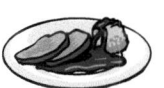

cunto bariimo
....
kozi kuu

macmacaan
....
kitindamlo

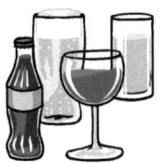

cabitaan
....
vinywaji

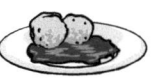

cunto
....
chakula

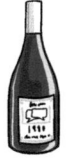

dhalo
....
chupa

cunto diyaarsan

chakula cha haraka

cunto-waddo

Streetfood

jalmad shaah

buli

weelka sonkorta

kisanduku cha sukari

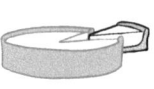

qayb

sehemu

mashiinka isbareesada

mashine ya espresso

kursi dheer

kiti kirefu

biil

muswada

tereey

trei

mindi

kisu

fargeeto

uma

qaaddo

kijiko

malqacad-shaah

kijiko cha chai

shukumaan miis

nepi

galaas

glasi

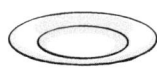

saxan

sahani

saxanka maraqa

sahani ya supu

saxan

sufuria

suugo

mchuzi

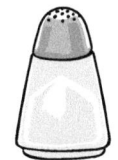

weelka cusbada

kichanyaji chumvi

basbaas shiide

kinu cha pilipili

fixiye

siki

saliid

mafuta

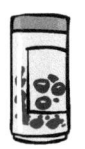

dhandhanaan

viungo

suugo

kechapu

mastaard

haradali

mayoonees

kachumbari nzito

carwo

dukakuu

qiima dhimis qaas ah
ofa maalum
FOR
macmiil
mteja
caano
maziwa
miro
matunda
gaariga adeega
toroli

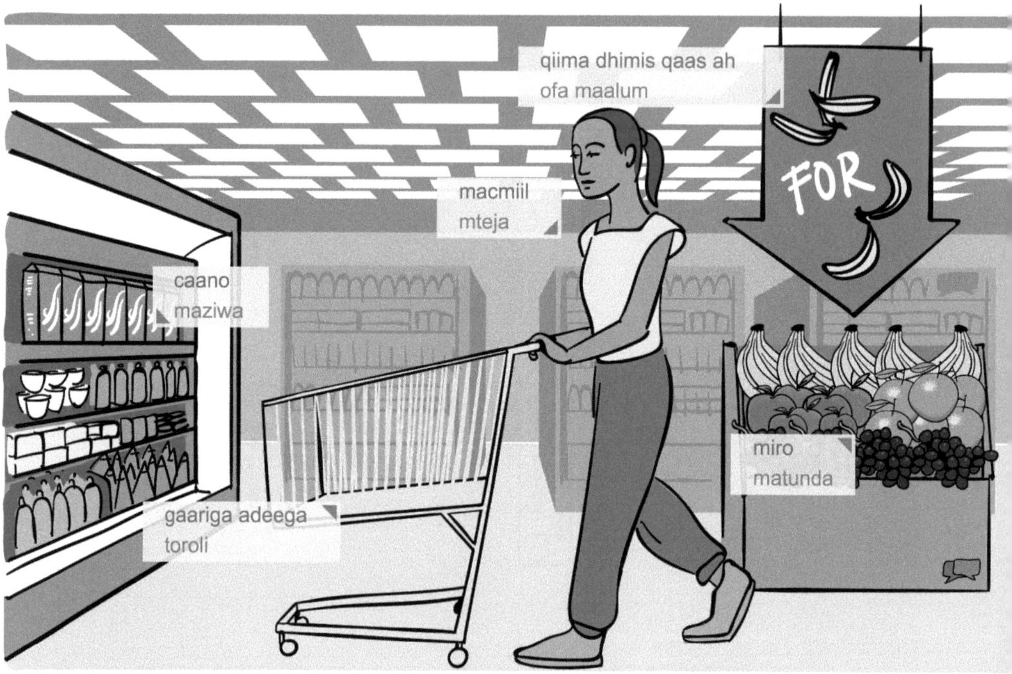

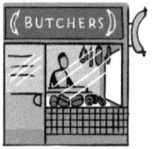

BUTCHERS

kawaan

mchinjaji

BAKERY

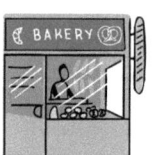

foorno

mwokaji

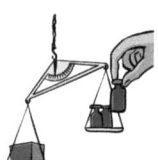

cabbir

uzito

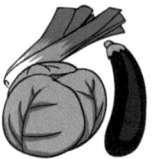

khudaar

mboga

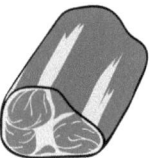

hilib

nyama

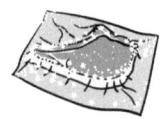

cunto la qaboojiyay

chakula waliohifadhiwa

hilibka qadada

ipande vya nyama baridi

cunto gasacadeysan

chakula cha kopo

oomo

sabuni ya unga

macmacaan

pipi

alaabada guri

bidhaa za kaya

alaabo nadaafad

bidhaa za kusafisha

iibshe

mtu mauzo

diiwaan lacagta

mpaka

qasnaji

keshia

liis adeeg

orodha ya manunuzi

saacadaha shaqo

masaa ya ufunguzi

shandada jeebka

mkoba

kaar amaah

kadi

bac

mfuko

bac

mfuko wa plastiki

biyo

maji

casiir

sharubati

caano

maziwa

kooka-kola

coke

khamri

mvinyo

biir

bia

khamri

pombe

kooke

kakao

shaah

chai

kafee

kahawa

isberesso

spreso

koobishiin

kapuchino

muus

ndizi

tufaax

tufaha

liin-bambeelmo

machungwa

qare

tikiti

liin

lemon

karooto

karoti

toon

kitunguu saumu

baambuu

mianzi

basal

kitunguu

barkin-waraabe

uyoga

loos

karanga

baasto

nudo

baasto
spageti

bariis
mpunga

salar
saladi

jibsi
vibanzi

baradho shiilan
viazi vya kukaanga

biise
piza

haambeegar
hambaga

saanwij
sandwichi

hilib-jiir
kipande

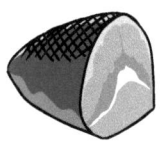

hilib-doofaar
paja la mnyama

salami
salami

sooseej
soseji

hilib-digaag
kuku

duban
choma

kalluun
samaki

sareenta mashaarida

oats ya uji

quraac isku-dhafan

muesli

daango

cornflakes

bur

unga

nooc rooti ah

kroisanti

rooti

andazi

rooti

mkate

rooti-la-kulluleeyey

mkate wa kubanika

buskud

biskuti

subag

siagi

hanti

maziwa mgando

doolsho

keki

ukun

yai

ukun shiilan

yai kukaanga

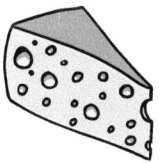

burcad

jibini

jalaato

aiskrimu

sonkor

sukari

malab

asali

malmalaado

jemu

labeen macmacaan

kuenea kwa chokoleti

suugo

mchuzi wa viungo

cunto - chakula

beer
shamba

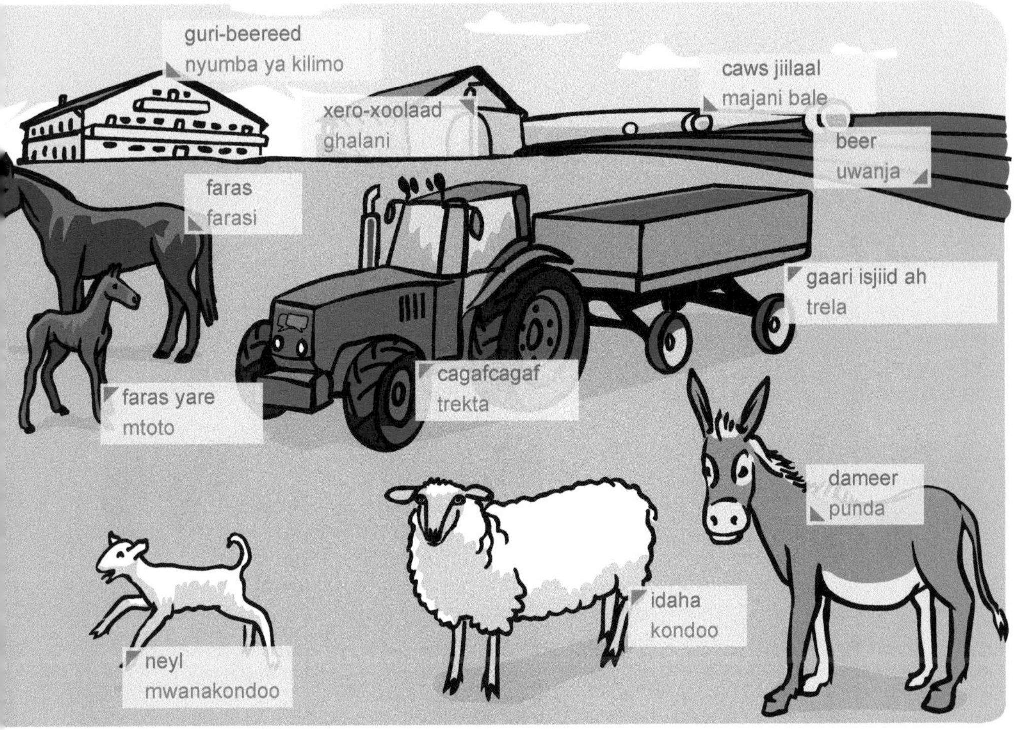

guri-beereed
nyumba ya kilimo
xero-xoolaad
ghalani
caws jiilaal
majani bale
beer
uwanja
faras
farasi
gaari isjiid ah
trela
cagafcagaf
trekta
faras yare
mtoto
dameer
punda
idaha
kondoo
neyl
mwanakondoo

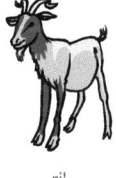

ri'
mbuzi

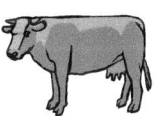

sac
ng'ombe

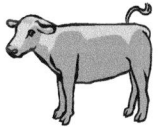

weyl
ndama

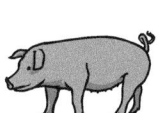

doofaar
nguruwe

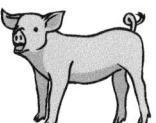

dhal doofaar
mwananguruwe

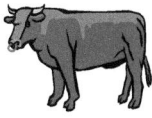

dibi
fahali

bawaato lab

batabukini

bawaato

bata

jiijiile

kifaranga

digaag

kuku

diiq

jogoo

doolli

panya

bisad

paka

jiir

panya

dibi

ng'ombe

eey

mbwa

hoyga eeyga

nyumba ya mbwa

tuubbo waraab

bomba la bustani

sakeelka waraabinta

debe la kumwagilia maji

gudin

fyekeo

carro-roge

kulima

gudin

mundu

yaambo

jembe

fargeeto caws-beereed

uma wa nyasi

faas

shoka

gaari -gacan

toroli

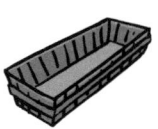

dar

kupitia nyimbo

dhalada caanaha

chombo cha maziwa

jawaan

gunia

deer

ua

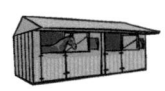

xero xooleed

imara

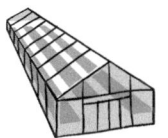

gur-biqlin-dhireed

chafu

ciidda

udongo

abuuka

mbegu

bacrimiye

mbolea

cagafta beer-goynta

kivunaji

beer-goyn
mavuno

beer-gooyn
mavuno

moxog
viazi vikuu

sarreen
ngano

soya
soya

baradho
viazi

galley
mahindi

geed-saliideed
rapa

geed mirood
mti wa matunda

moxog
muhogo

firiley
nafaka

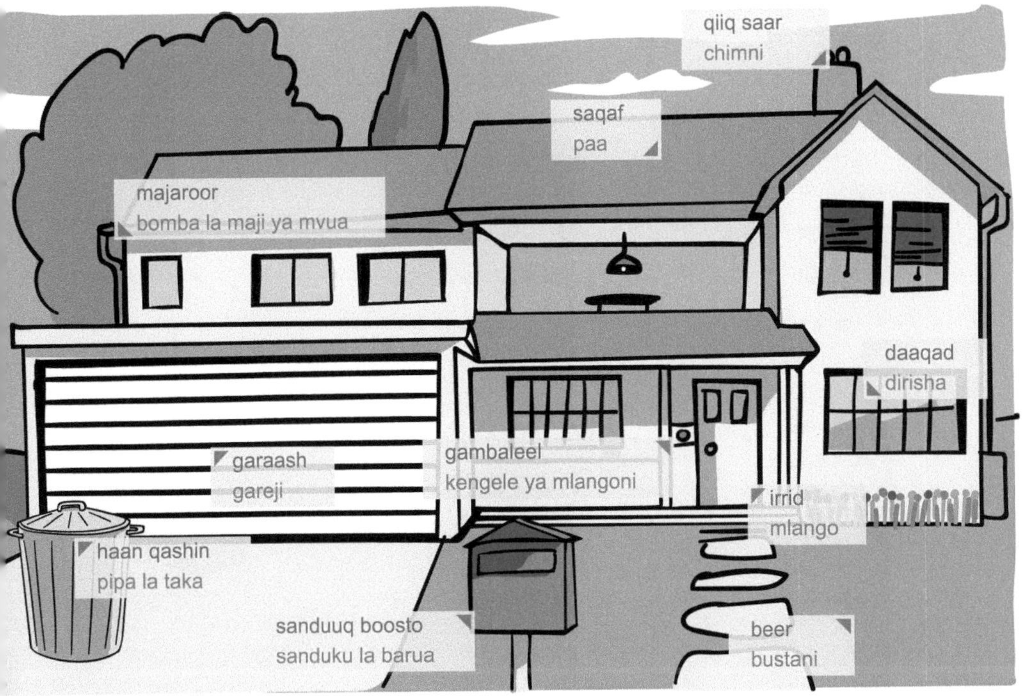

qiiq saar
chimni

saqaf
paa

majaroor
bomba la maji ya mvua

daaqad
dirisha

garaash
gareji

gambaleel
kengele ya mlangoni

irrid
mlango

haan qashin
pipa la taka

sanduuq boosto
sanduku la barua

beer
bustani

qol jiib

sebuleni

musqul-qubeys

bafu

jiko

jikoni

qolka jiifka

chumba cha kulala

qolka ilmaha

chumba ya mtoto

qolka cuntada

chumba cha kulia

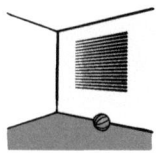

sagxad

sakafu

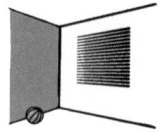

derbi

ukuta

saqaf

dari

makhaasiin

pishi

soona

sauna

balakoon

roshani

daarad

mtaro

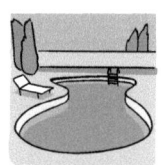

barkad

kidimbwi

caws-jare

mashine ya kukata nyasi

buste

karatasi

go'

kitambaa cha kupamba kitanda

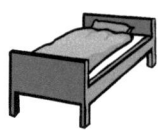

sariir

kitanda

xaaqin

ufagio

baaldi

ndoo

daare-damiye

kubadili

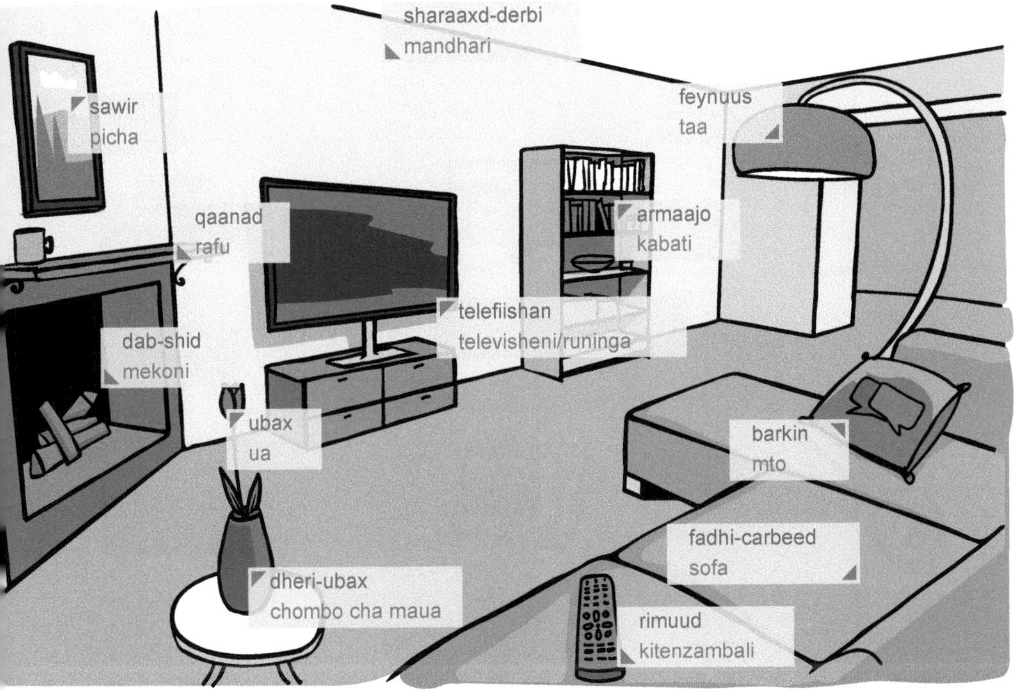

sharaaxd-derbi
mandhari

feynuus
taa

sawir
picha

qaanad
rafu

armaajo
kabati

dab-shid
mekoni

telefiishan
televisheni/runinga

ubax
ua

barkin
mto

fadhi-carbeed
sofa

dheri-ubax
chombo cha maua

rimuud
kitenzambali

roog

zulia

daah

pazia

miis

meza

kursi

kiti

kursi wareega

kiti cha bembea

kursi fadhi

armchair

buug

kitabu

buste

blanketi

qurxin

mapambo

xaabo

kuni

filin

filamu

cod-baahiye

kifaa cha hi-fi

fure

ufunguo

wargeys

gazeti

rinjiyeyn

uchoraji

tabeelo

bango

raadiye

redio

xusuus-qor

daftari

huufar

kifyonza

tiitiin

dungusi kakati

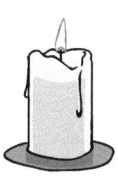

shumac

mshumaa

jiko
jikoni

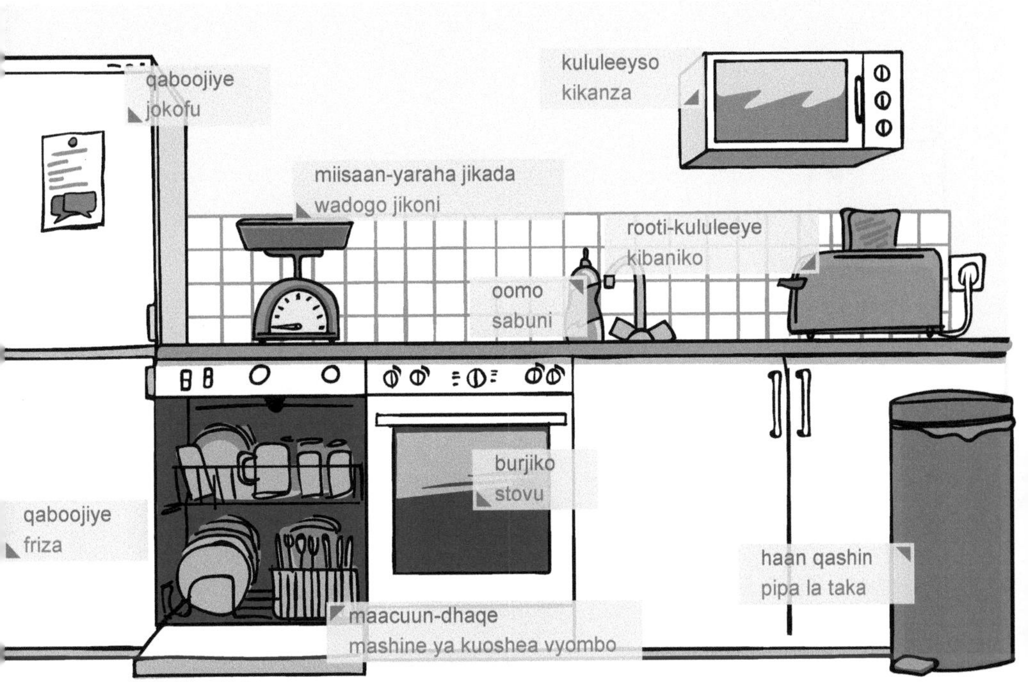

qaboojiye
jokofu
kululeeyso
kikanza
miisaan-yaraha jikada
wadogo jikoni
rooti-kululeeye
kibaniko
oomo
sabuni
burjiko
stovu
qaboojiye
friza
haan qashin
pipa la taka
maacuun-dhaqe
mashine ya kuoshea vyombo

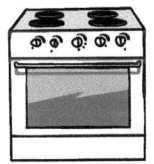

kuuker
jiko la kupika

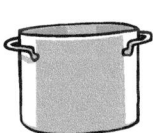

dheri
chungu

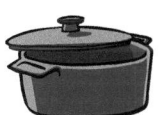

birtaawo
sufuria ya chuma

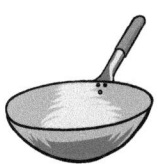

birtaawo
wok / kadai

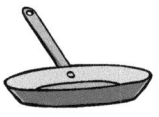

birtaawo
kaango

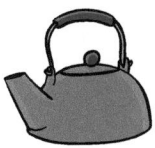

kirli
birika

uumiye
stima

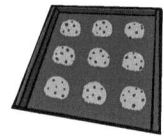

saxaarad dubista
sinia ya kuoka

maacuun
vyombo vya udongo

bakeeri
kombe

baaquli
bakuli

qoryo wax lagu cuno
vijiti vya kulia

malqacad
ukawa

qaado
mwiko mpana

folow
burashi

miire
kichujio

shashaq
chujio

qudaar-jare
mbuzi

mooye
chokaa

hilib-sol
barbeque

dab
moto wazi

alwaaxa wax-jar-jarka

ubao wa majaribio

ul jabaati

kijiti cha kusukuma unga

guf-saare

kizibuo

gasac

kopo

gasac-fure

inaweza kopo

istaraasho-jiko

kishikio cha chungu

saxanka-alaab-dhaqa

karo

caday

brashi

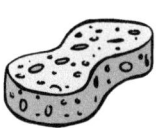

isbuunyo

sifongo

shiide

kisagaji matunda

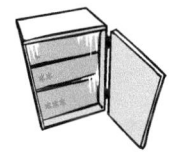

qaabojin qoto-dheer

friji ya kina

masaasad

chupa ya mtoto

tuubbo

bomba

musqul-qubeys

bafu

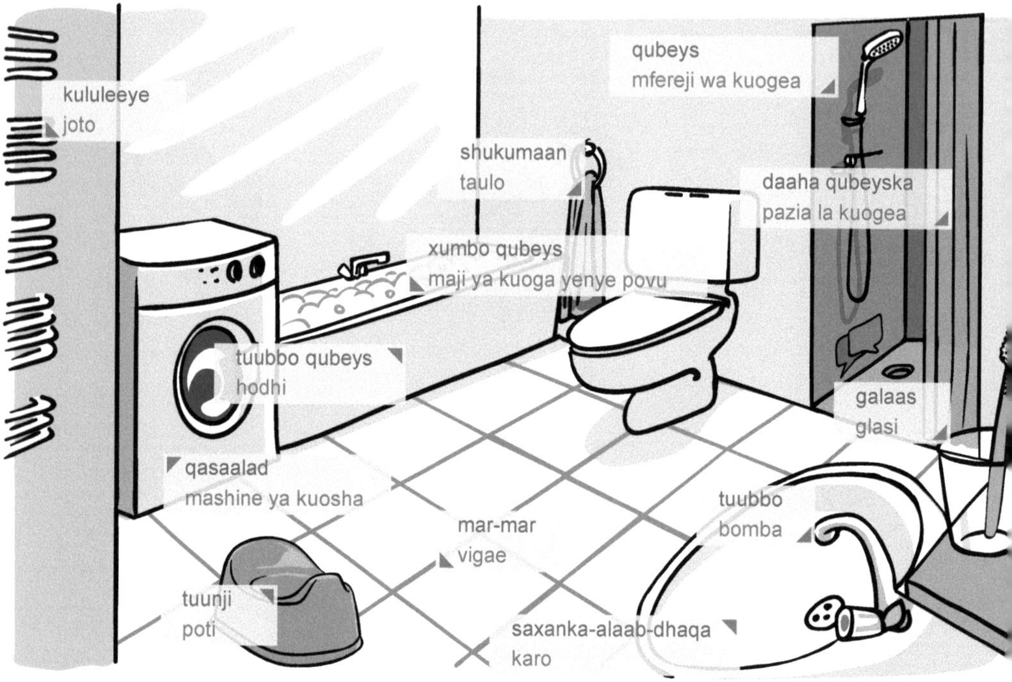

kululeeye
joto
qubeys
mfereji wa kuogea
shukumaan
taulo
daaha qubeyska
pazia la kuogea
xumbo qubeys
maji ya kuoga yenye povu
tuubbo qubeys
hodhi
galaas
glasi
qasaalad
mashine ya kuosha
tuubbo
bomba
mar-mar
vigae
tuunji
poti
saxanka-alaab-dhaqa
karo

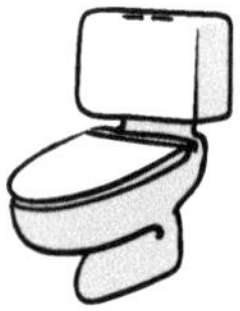

musqul
choo

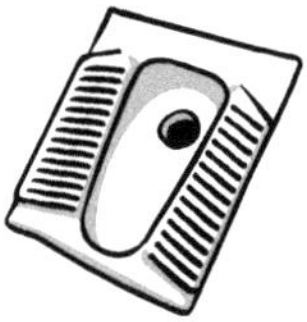

musqusha fadhiga
choo cha squat

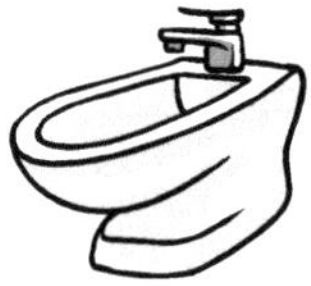

siin
beseni la mviringo

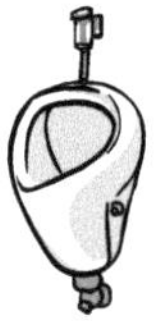

weel kaadi
choo cha umma

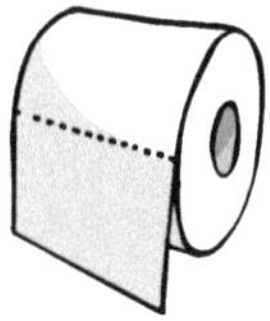

tiish musqul
shashi

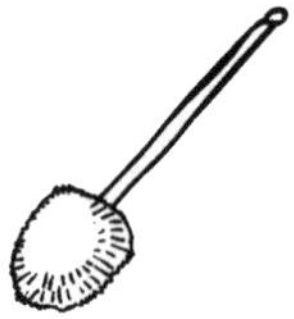

burushka musqusha
brashi ya choo

caday

mswaki

daawo caday

dawa ya meno

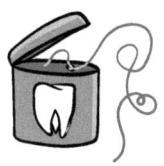

dunta ilka farashada

dawa ya meno

dhaq

safisha

gacan qubeys

kuoga mkono

tuubo-musqul

msukumo wa maji

beeshin

bonde

burush-qubeys

mpako wa pili

saabuun

sabuni

shaambo

jeli ya kuogea

shaambo

shampuu

cago-saar

flana

biyo-saare

toa maji

kareem

krimu

carfiso

kiondoa harufu

muraayad
kioo

muraayad gacmeed
kioo mkono

sakiin
kinyozi

xumbada xiirashada
povu la kunyoa

daawo gar-xiir
baada ya kunyoa

shanlo
kichana

burush
brashi

fooneeye
kikausha nywele

timo-buufis
marashi ya nyewele

waji-qurxiye
vipodozi

rooseeto
kidomwa

cidiyo-nadiifiye
varnish ya msumari

dun
pamba

cidiyo-jar
mkasi wa kucha

baarafuun
manukato

boorso-wajidhaq
mkoba wa kuosha

saxaro
kinyesi

miisaan culays
mizani

dhar-qubeys
nguo ya kuoga

gacma gashi cinjir
glavu za mpira

tambooni
kisodo

tiimshe
sodo

musqul kiimiko
kemikali choo

qolka ilmaha
chumba ya mtoto

saacadda dhawaaqda
saa ya kengele
boombale caruur
kidoli cha kupakata
baabuur caruureed
gari bandia
sanqadh
kelele
guriga caruusada
chumba cha midoli
hadiyad
sasa

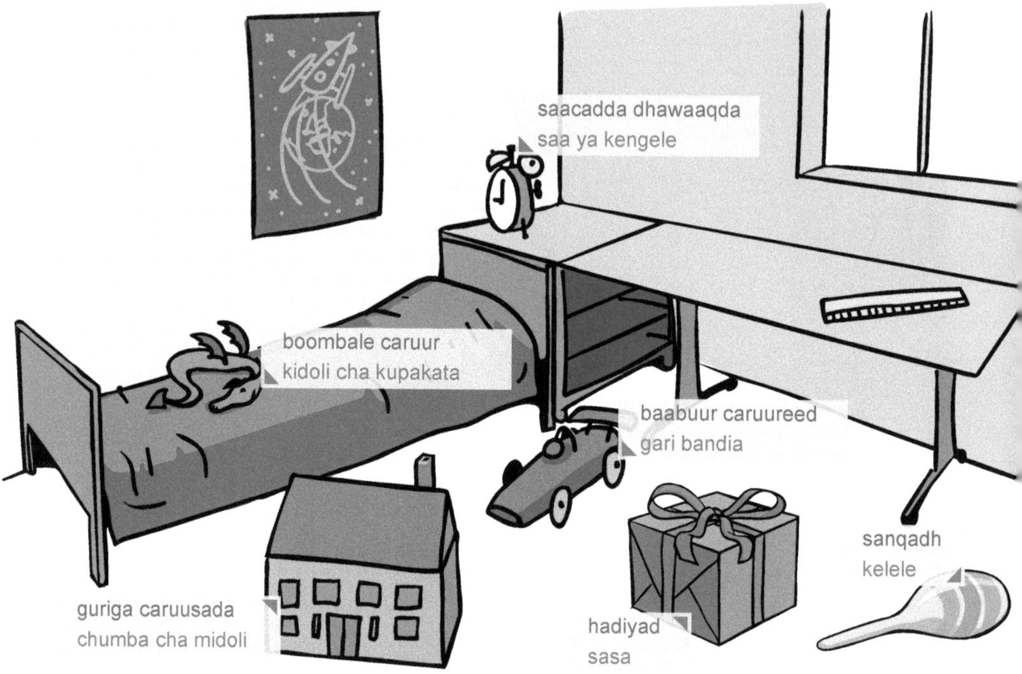

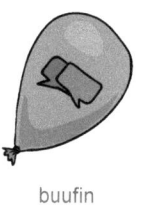

buufin

baluni

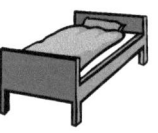

sariir

kitanda

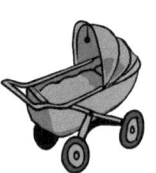

gaariga caruurta

mashua

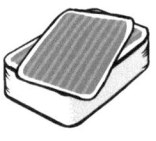

turub

staha ya kadi

miinshaar

mchezo-fumb

SUPER MEGA

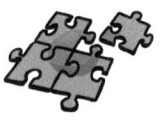

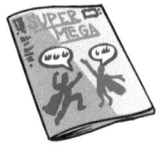

maad

vichekesho

bulkeeti boombale ah

matofali lego

tooy

vitalu mwigo

sanam

hatua takwimu

isku-jooga dhallaanka

suti ya kulalia

aalad cayaar

kisahani

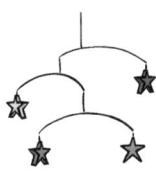

moobaayl

simu

khamaar

ubao wa michezo

laadhuu

kete

moodo tareen

garimoshi mwigo

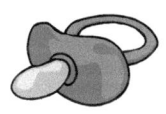

boombale

dummy

xaflad

chama

buug sawirro

picha kitabu

kubbad

mpira

boombale

kikaragosi

cayaar

kucheza

dhoobo-dhoobeey

shimo la mchanga

wiifoow

bembea

alaab-alaabeey

vitu bandia

geemka gacanta laga hago

kiweko cha video ya mchezo

baaskiil

baiskeli ya magurudumu

boombale

mwanasesere

armaajo dhar

kabati

matatu

sigisaan

soksi

sigsaan haween

stokingi

surwaal-dhuuqsan

kibano

masar
skafu

dallad
mwavuli

funaanad
fulana

suun
ukanda

kabo buud
viatu

dacas
ndara

kabo tababar
wakufunzi

saandalo
malapa

kabo
viatu

kabo roob
mabuti ya mpira

hoos-gashi
suruali ya ndani

rajabeeto
sidiria

garan
fulana

jir
mwili

surwaal
suruali

surwaal jeenis
dangirizi

goono
sketi

canbuur
blauzi

shaati
shati

funaanad-dhaxameed
vuta

garan dhaxameed
sweta

jaakad fudud
bleza

jaakad
jaketi

koodh
koti

koodhka roobka
koti la mvua

dhar-munaasabadeed
maleba

labbis
gauni

lebbis aroos
mavazi ya harusi

dhar - nguo

suut

suti

dhar-hurdo

vazi la usiku

bajaamo

pajama

saari

sari

masar

skafu

cimaamad

kilemba

cabaayad

burka

saako

kaftan

cabaayad

abaya

dharka-dabaasha

vazi la kuogelea

dabo-gaabyo

vazi la kiume la kuogelea

surwaal-dabagaab

kaptura

taraak-suut

teitei

dufan-dhowr

aproni

gacmo gashi

glavu

galluus

kifungo

ookiyaale

glasi

jijin

bangili

silis

mkufu

faraati

pete

dhego dhego

herini

koofiyo

kofia

katabaan

kiango cha koti

koofiyad

kofia

garabaati

tai

jiinyeer

zipu

helmed

kofia

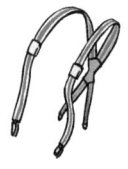

ilko-reeb

kanda za suruali

direes dugsi

sare za shule

direes

sare

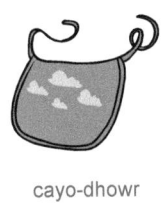

cayo-dhowr

bibu

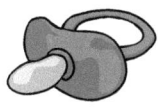

boombale

dummy

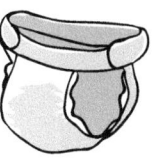

maro-dufeed

nepi

xafiis

ofisi

khad-bixiye
seva
armaajo feylal
kabati la kuweka faili
daabace
kichapishaji
warqad
karatasi
shaashad
kiwambo
hage kombuyuutar
kipanya
miis
dawati
gal
folda
teeb-kombuyuutar
kibodi
ashin-gur
cha kuweka karatasi chafu
kombuyuutar
kompyuta
kursi
kiti

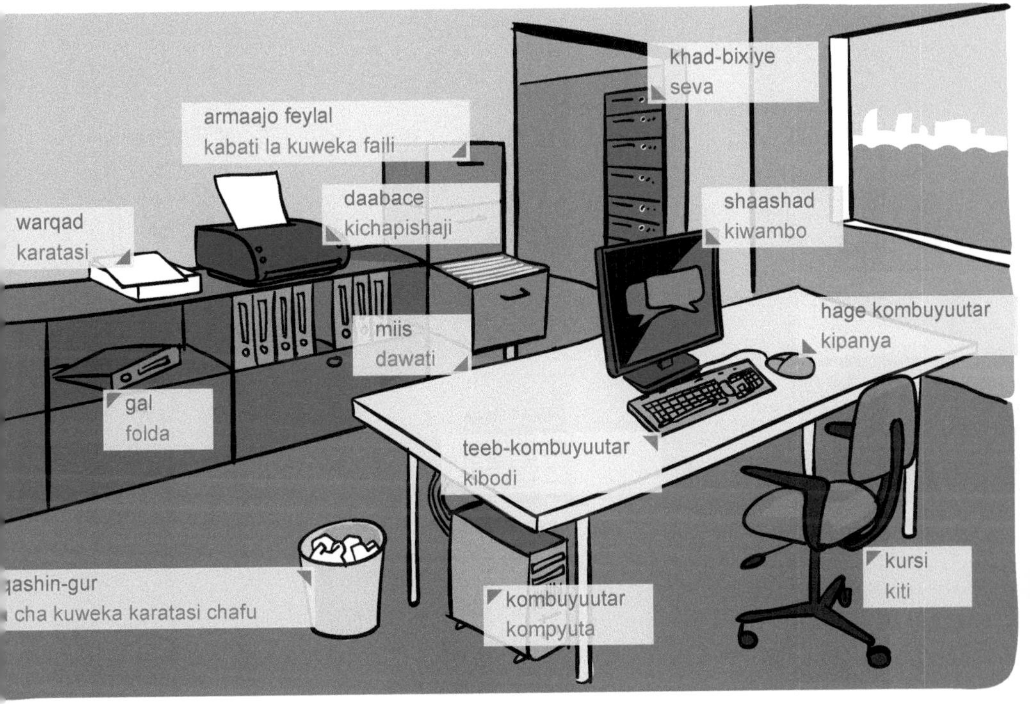

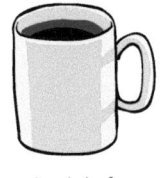

koob kafee

kmobe la kahawa

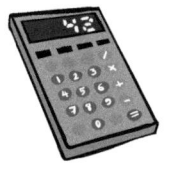

kalkuleytar/xisaabiye

kikokotoo

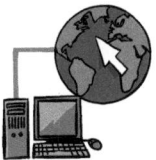

internet

biashara

laabtoob
mbali

bakhshad
barua

fariin
ujumbe

moobaayl
rununu

shabakad-kombuyuutar
intaneti

footokoobi
fotokopia

barnaamij-kombuyuutar
programu

telefoon
simu

god koronto
soketi

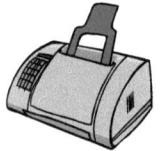

mishiinkan fax-ka
kipepesi

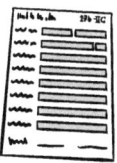

foomka
fomu

dokumenti
hati

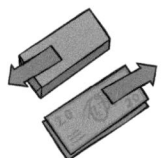

iibso
....
kununua

bixi
....
kulipa

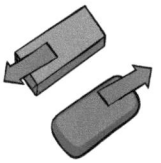

ganacso
....
biashara

lacag
....
fedha

doollar
....
dola

yuuro
....
yuro

yenka jabbaan
....
yeni

robolka ruushka
....
rouble

Franka iswiiska
....
faranga ya Uswisi

lacagta shiinaha
....
renminbi yuan

rubiyada hindiga
....
rupia

maqal
....
eneo la kulipia

xafiiska sarrifaka lacagaha

ofisi ya ubadilishanaji

dahab

dhahabu

qalin

fedha

shidaal

mafuta

tamar

nishati

qiime

bei

qandaraas

mkataba

canshuur

kodi

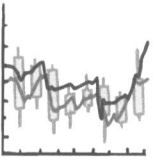

raasumaal

bidhaa

shaqee

kazi

shaqaale

mfanyakazi

shaqaaleysiiye

mwajiri

warshad

kiwanda

dukaan

duka

sarkaal booliis
afisa wa polisi

dab-demiye
mzimamoto

cunto-kariye
mpishi

dhakhtar
daktari

duuliye
rubani

beeralley

mtunza bustani

nijaar

seremala

timo-qurxiso

mshonaji

qaaddi

hakimu

farmashiiste

mwanakemia

jile

muigizaji

darawal bas

dereva wa basi

taksiile

dereva wa teksi

kalluumeyste

mvuvi

nadiifiso

mwanamke wa kusafisha

saqaf-dhise

mwezekaji

kabalyeeri

mhudumu

ugaarsade

mwindaji

rinjiile

mchoraji

rooti-dube

mwokaji

koronto-yaqaan

umeme

dhise

mjenzi

injineer

mhandisi

kawaanle

mchinjaji

tuubbiiste

fundi bomba

boostaale

mwanaposta

askari

mwanajeshi

injineer-dhismo

msanifu majengo

qasnaji

keshia

ubax-yaqaan

muuza maua

timo-jare

msusi

kiro-uruuriye

kondakta

makaanik

mekanika

kabtan

nahodha

dhakhtar-ilko

daktari wa meno

saaynisyahan

mwanasayansi

wadaad yahuud

rabbi

imaam

imamu

xerow

mtawa

wadaad

kasisi

qalab
zana

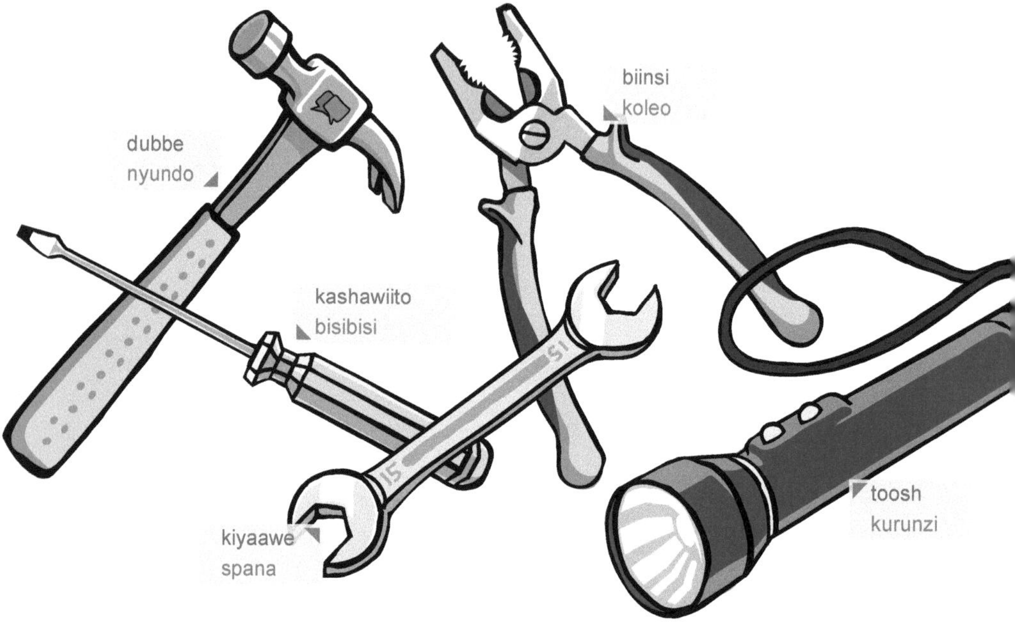

dubbe
nyundo
biinsi
koleo
kashawiito
bisibisi
kiyaawe
spana
toosh
kurunzi

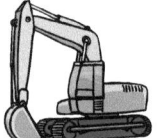

dhul-qoddo
mchimbaji

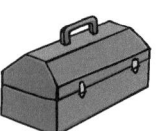

qalab-xajiye
sanduku la vifaa

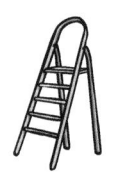

jaraanjaro
ngazi

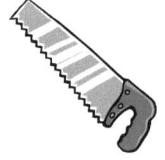

miinshaar
msumeno

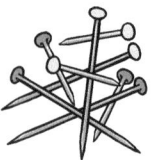

musbaarro
misumari

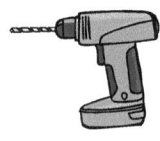

dalooliye
kuchimba visima

dayactir
kukarabati

badiil
sepetu

inkaar kugu dhacday!
Lo!

bus-xaabiye
kishikio cha uchafu

gasacad rinji
chungu cha rangi

boolal
skurubu

qalab muusiko
ala za muziki

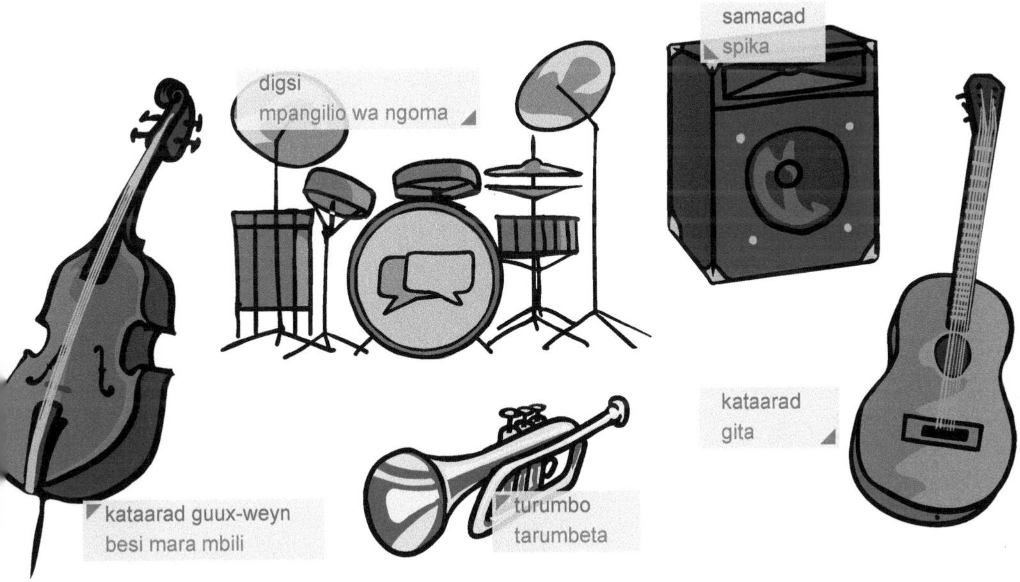

digsi
mpangilio wa ngoma

samacad
spika

kataarad
gita

kataarad guux-weyn
besi mara mbili

turumbo
tarumbeta

biyaano
piano

fiyooliin
fidla

karaarad guux-dheer
ubeji

durbaan-sheegagle
timpani

durbaan
ngoma

loox-xarfeed-biyaano
kibodi

turumbo
saksafoni

siin-baar
filimbi

makarafoon
maikrofoni

beer-xayawaan

bustani ya wanyama

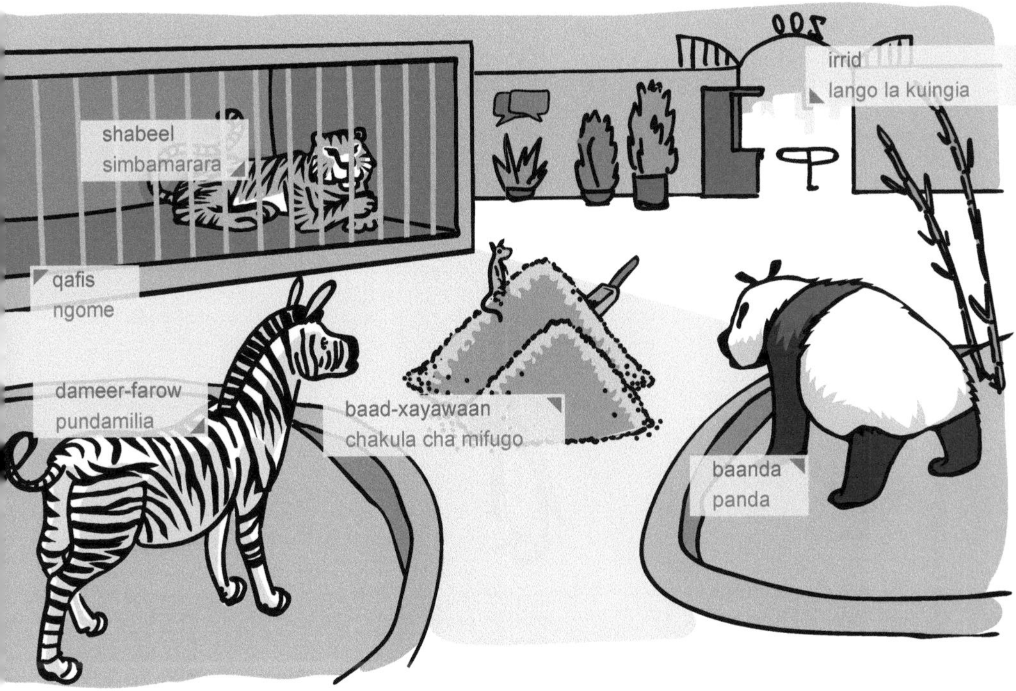
irrid
lango la kuingia
shabeel
simbamarara
qafis
ngome
dameer-farow
pundamilia
baad-xayawaan
chakula cha mifugo
baanda
panda

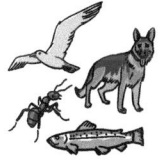

xayawaan
wanyama

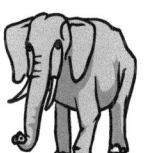

maroodi
tembo

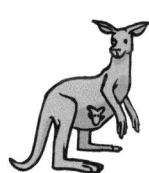

kaangaruu
kangaruu

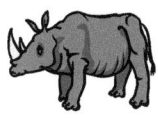

wiyil
kifaru

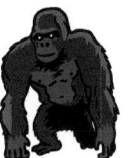

goriille
sokwe

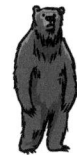

oorso
dubu

geel

ngamia

gorayo

mbuni

libaax

simba

daanyeer

tumbili

xiita-luga-dheer

heroe

baqbaqaa

kasuku

oorso baraf-ku-nool

dubu

shimbir baraf

penguini

libaax-badeed

papa

daa'uus

tausi

mas

nyoka

yaxaas

mamba

beer-xayawaan ilaaliye

mtunza wanyama

bahal kalluun-cun

muhuri

shabeel-u-eke

jaguar

dhal faras
mwanafarasi

harmacad
chui

jeer
kiboko

geri
twiga

gorgor
tai

doofaar-jilibeey
nguruwe mwitu

kalluun
samaki

qubo
kobe

maroodi-badeed
sili

dawaco
mbweha

deero
paa

kubadda-cagta maraykanka
soka ya marekani

tartanka bashkuleetiga
uendeshaji baiskeli

kubbadda miiska
tenisi

kubbadda koleyga
mpira wa kikapu

dabaal
kuogelea

hookiga barafka lagu d◄
magongo ya barafuni

cayaarta feerka
ndondi

kubadda cagta
soka

baadminton
vinyoya

ciyaaraha fudud
riadha

kubadda gacanta
mpira wa mikono

iskii/ciyaarta barafka
skii

cayaar-faras
polo

hawlo
shughuli

boodid
kuruka
hees
kuimba
hab-siin
kumbatia
qosol
cheka
soco
kutembea
riyo
ota ndoto
duceyso
kuomba
dhunkasho
busu

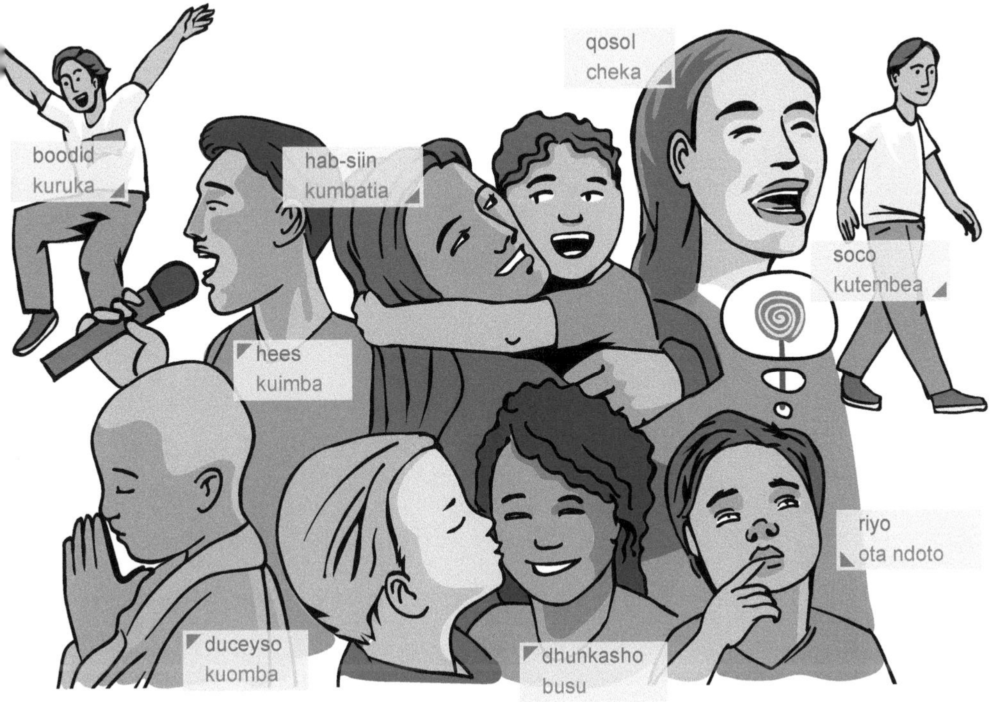

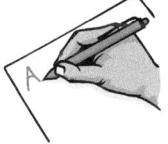

qorraxeed
kuandika

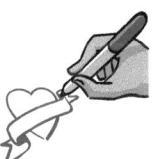

masawirid
kuteka

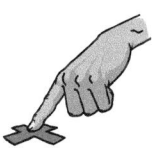

muuji
angalia

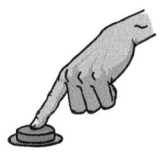

riix
sukuma

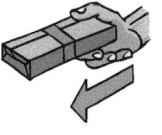

sii
kutoa

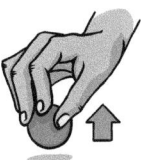

qaado
kuchukua

haysasho
kuwa

samee
fanya

ahaansho
kuwa

istaag
kusimama

orod
kukimbia

jiid
vuta

tuur
kutupa

dhicid
kuanguka

been-sheegid
hadaa

sug
kusubiri

qaad
kubeba

fariiso
kukaa

labiso
vaa nguo

seexo
usingizi

toos
kuamka

fiiri

kuangalia

ooy

lia

dhuftay

kiharusi

shanleyso

chana nywele

hadal

ongea

faham

kuelewa

weydii

kuuliza

dhageysasho

kusikiliza

cab

kunywa

cun

kula

habee

nadhifisha

jacayl

upendo

kari

mpishi

kaxee

gari

duulid

kuruka

shiraaco

meli

xisaabi

kokotoa

akhri

kusoma

barasho

kujifunza

shaqee

kazi

guurso

kuoa

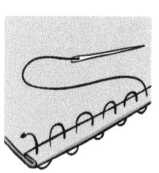

tol

kushona

cadayso

piga mswaki

dilid

kuua

sigaar cab

moshi

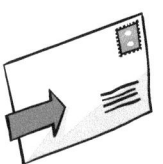

dir

kutuma

qoys
familia

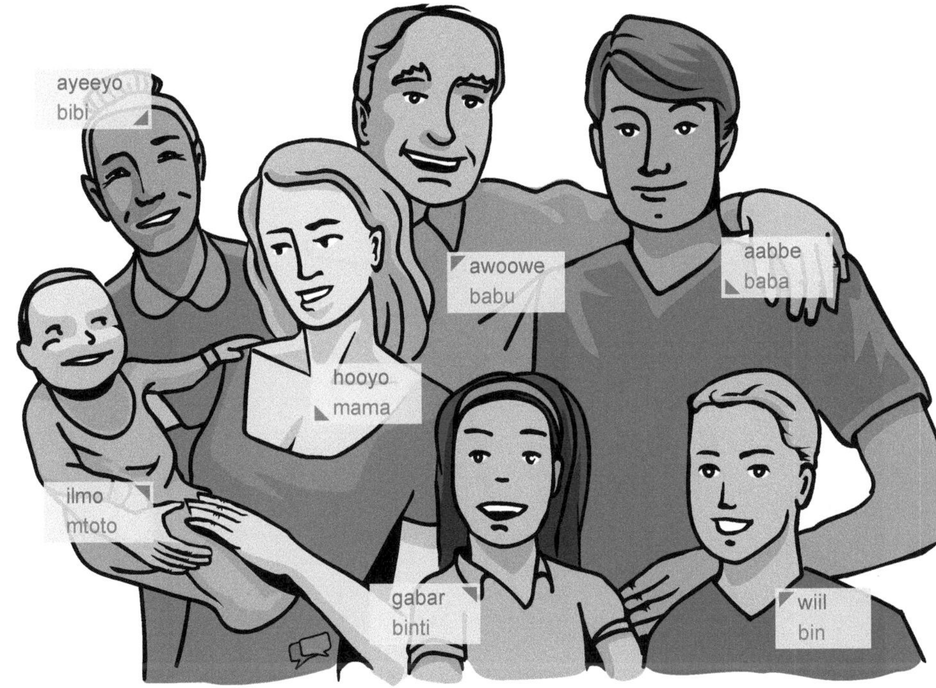
ayeeyo
bibi
awoowe
babu
aabbe
baba
hooyo
mama
ilmo
mtoto
gabar
binti
wiil
bin

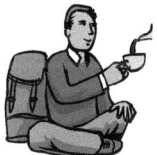

marti
mgeni

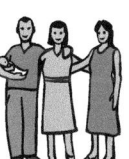

eeddo
shangazi

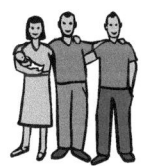

adeer
mjomba

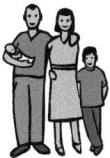

walaal rag
kaka

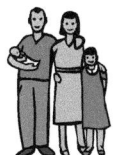

walaal dumar
dada

jir
mwili

fool
paji la uso
il
jicho
garab
bega
far
kidole
weji
uso
gar
kidevu
gacan
mkono
lug
mguu
naas
matiti
cudud
mkono

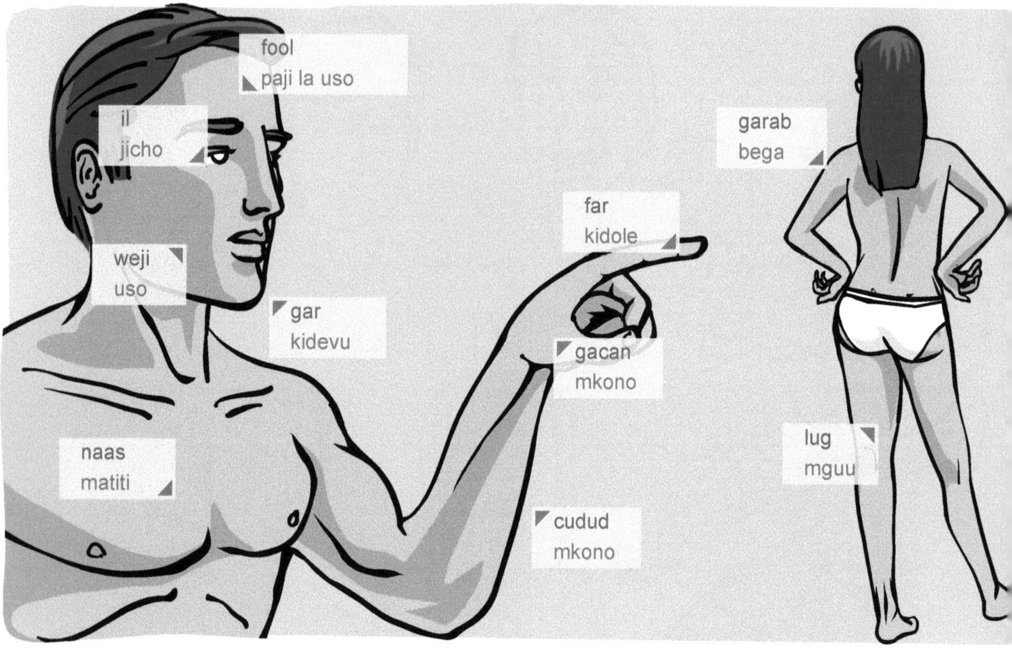

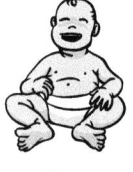

ilmo
mtoto

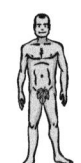

nin
mwanamume

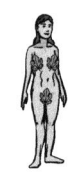

naag
mwanamke

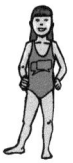

gabar
msichana

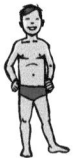

wiil
mvulana

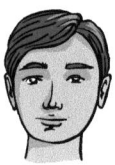

madax
kichwa

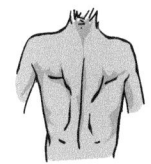

dhabar
nyuma

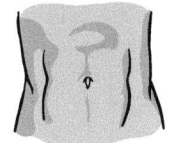

calool
tumbo

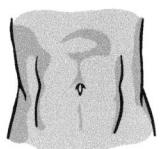

xuddun
kitovu

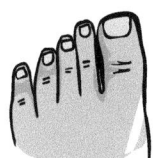

suul
chano

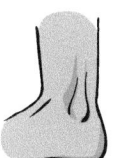

cirib
kisigino

laf
mfupa

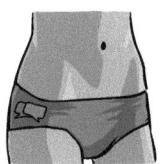

sin
nyonga

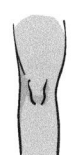

jilib
goti

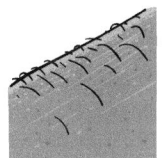

xusul
kiwiko

san
pua

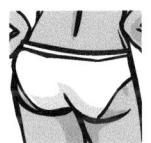

bari
chini

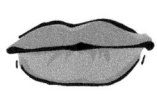

maqaar
ngozi

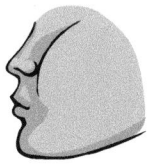

dhafoor
shavu

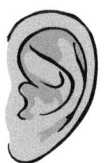

dheg
sikio

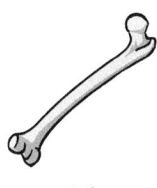

bishin
mdomo

jir - mwili

af
kinywa

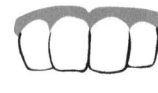

ilig
jino

carrab
ulimi

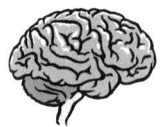

maskax
ubongo

wadno
moyo

muruq
misuli

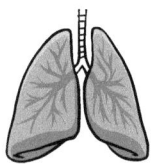

sambab
pafu

beer
ini

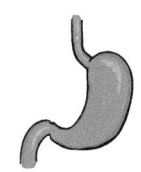

uur kujirta caloosha
tumbo

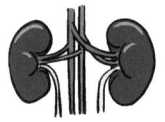

kelyo
figo

galmo
jinsia

cinjir-galmo
kondomu

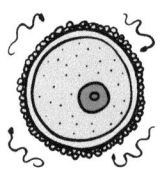

ugxan
ovari

shahwo
shahawa

uur
mimba

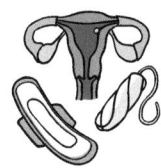

caado
hedhi

siil
uke

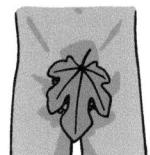

gus
uume

suni
unyusi

timo
nywele

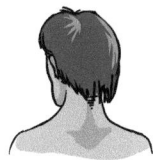

qoor
shingo

isbitaal
hospitali

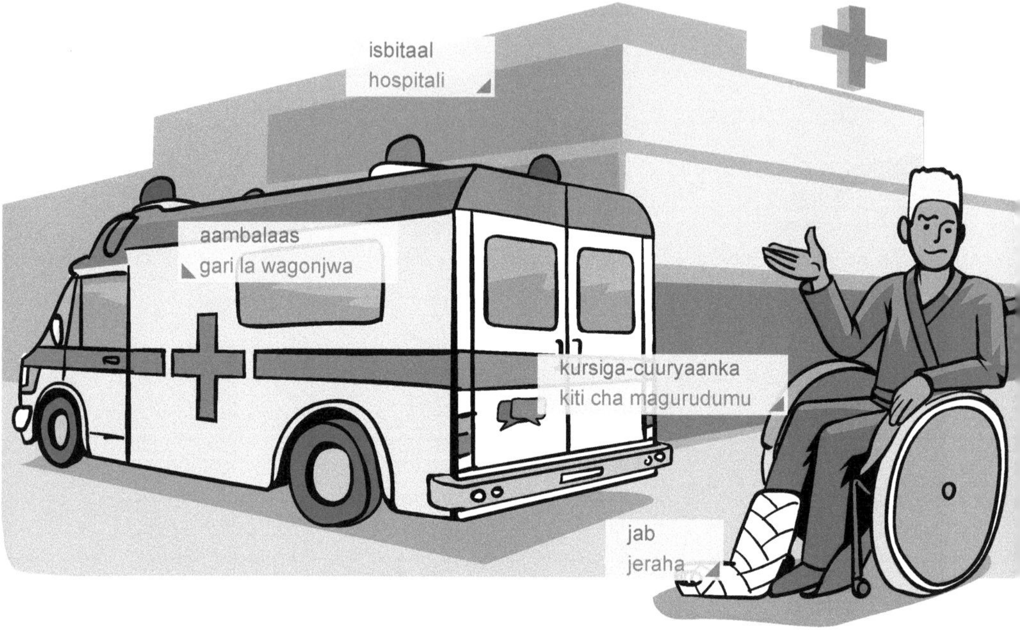

isbitaal
hospitali
aambalaas
gari la wagonjwa
kursiga-cuuryaanka
kiti cha magurudumu
jab
jeraha

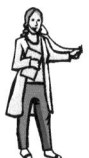

dhakhtar

daktari

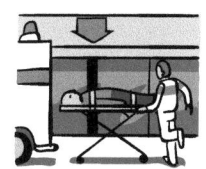

qolka xaaladaha-degdega ah

chumba cha dharura

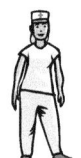

kalkaaliye

muuguzi

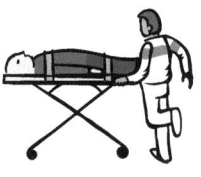

xaalad deg-deg ah

dharura

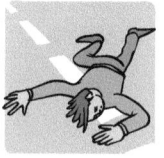

miyir-beelsan

kupoteza fahamu

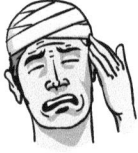

xanuun

maumivu

dhaawac

kuumia

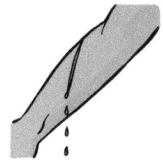

dhiig-bax

kutokwa na damu

wadno-xanuun

mshtuko wa moyo

qallal

kiharusi

xasaasiyad

mzio

qufac

kikohozi

qandho

homa

hargab

mafua

shuban

kuharisha

madax-xanuun

maumivu ya kichwa

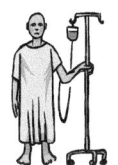

kansar

kansa

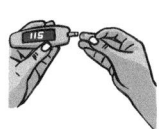

cudurka sokoroow

ugonjwa wa kisukari

dhakhtarka-qalliinka

daktari mpasuaji

mindida qalliinka

kisu kidogo cha kupasulia

qalliin

operesheni

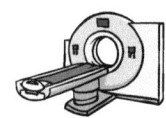

iskaan
picha changanufu ya mwili

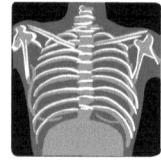

raajo
Eksrei

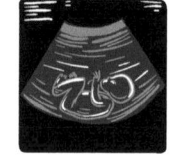

dhawaaq-xawaareed
mawimbi sauti

maaskaro
barakoa ya uso

cudur sokoroow
ugonjwa

qolka sugitaanka
chumba cha kusubiri

ul lagu boodo
mkongojo

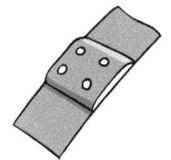

kab
plasta

faashato
bendeji

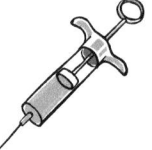

duris
sindano

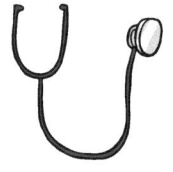

wadne-dhegeyeste
stetoskopu

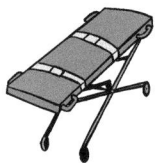

balankiino
machela

heer-kul-beega qandhada
kipimajoto cha kliniki

dhalasho
kuzaliwa

aad-u-cayilan
unene kupita kiasi

maqal-caawiye
kusikia misaada

jeermis-dile
kipukusi

caabuq
maambukizi

feyras
virusi

AYDHIS/HIV
VVU / UKIMWI

daawo
dawa

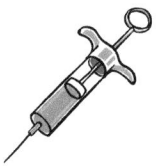

tallaal
chanjo

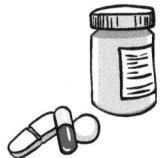

kaniiniyo
vidonge

kaniin
kidonge

wicitaan deg-deg ah
simu ya dharura

cabbiraha dhiig-karka
haemodainamometa

xanuunsan / caafimaadsan
mgonjwa / mwenye afya

dharura

i caawiya!

Msaada!

sawaxan

kengele

weerar-kadisa ah

pigo

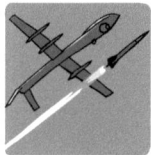

weerar

shambulizi

khatar

hatari

irridda bixida xaalad-deg-deg

lango la dharura

dab!

Moto!

dab demiye

kizima moto

shil

ajali

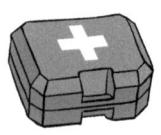

saduuqa xaalada-degdega ah

vifaa vya huduma ya kwanza

codsi badbaado

wito wa msaada

booliis

polisi

Yurub

Ulaya

woqooyiga ameerika

Amerika ya Kaskazini

koonfurta ameerika

Amerika ya Kusini

Afrika

Afrika

Aasiya

Asia

Oostareeliya

Australia

Atlaantik

Atlantiki

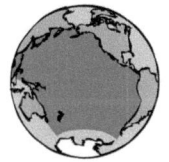

Pacific

Pasifiki

Bad-waynta hindiya

Bahari ya Hindi

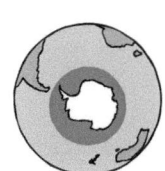

Bad-waynta antarctica

Bahari ya Antaktiki

Bad-waynta arctic

Bahari ya Aktiki

cirifka waqooyi

Ncha ya Kaskazini

cirifka koonfureed

Ncha ya Kusini

Antarctica

Antaktika

dhul

dunia

dhul

nchi

bad

bahari

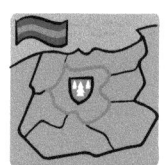

jasiirad

kisiwa

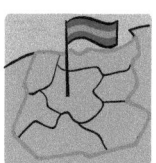

waddan

taifa

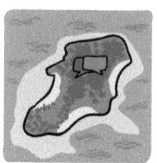

gobol

jimbo

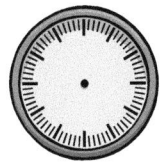

wajiga saacadda

uso wa saa

gacanka saacada

akrabu ya saa

gacanka daqiiqada

akrabu ya dakika

gacanka ilbiriqsiga

akrabu ya sekunde

waa intee saac?

Ni saa ngapi?

maalin

siku

wakhti

wakati

hadda

sasa

saacadda jiifarrada

saa ya dijitali

daqiiqad

dakika

saacad

saa

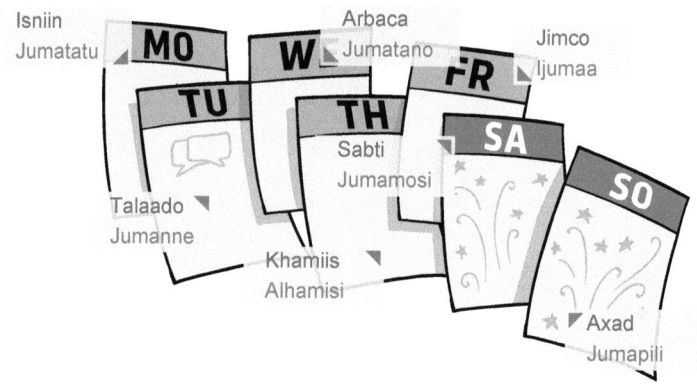

Isniin / Jumatatu — MO
Arbaca / Jumatano — WE
Jimco / Ijumaa — FR
Talaado / Jumanne — TU
Sabti / Jumamosi — TH
SA
Khamiis / Alhamisi
Axad / Jumapili — SO

shalay
jana

maanta
leo

berri
kesho

subax
asubuhi

duhur
saa sita mchana

casir
jioni

MO	TU	WE	TH	FR	SA	SU
1	2	3	4	5	6	7
8	9	10	11	12	13	14
15	16	17	18	19	20	21
22	23	24	25	26	27	28
29	30	31	1	2	3	4

maalmaha shaqo
siku za biashara

MO	TU	WE	TH	FR	SA	SU
1	2	3	4	5	6	7
8	9	10	11	12	13	14
15	16	17	18	19	20	21
22	23	24	25	26	27	28
29	30	31	1	2	3	4

dabayaaqada usbuuca
mwishoni mwa wiki

sanad
mwaka

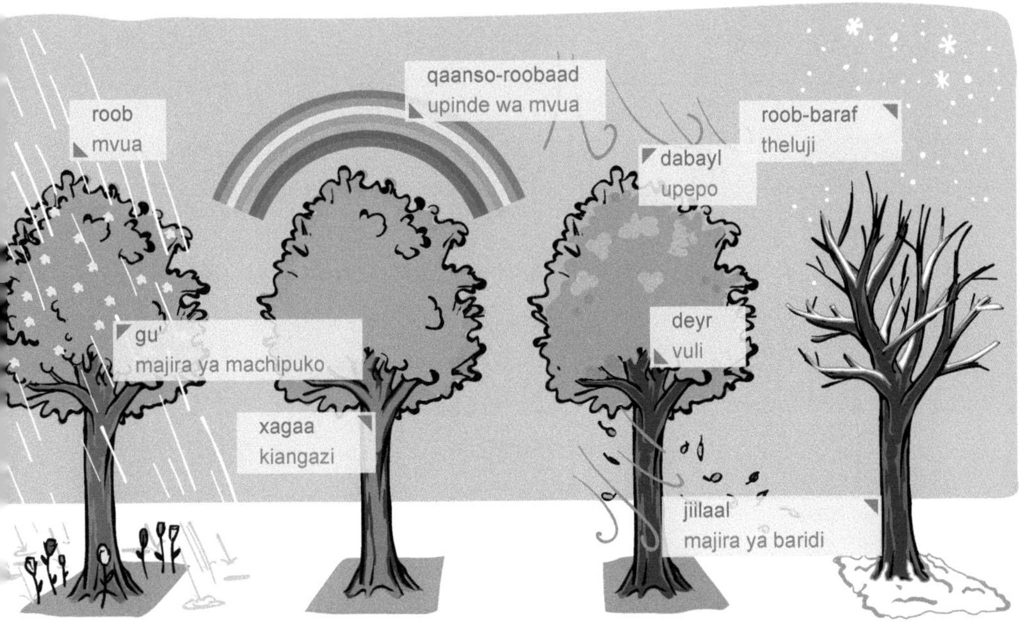
roob
mvua
qaanso-roobaad
upinde wa mvua
roob-baraf
theluji
dabayl
upepo
gu'
majira ya machipuko
deyr
vuli
xagaa
kiangazi
jiilaal
majira ya baridi

4.APRIL 11°
5.APRIL 4°
6.APRIL 13°
7.APRIL 8°
8.APRIL 10°

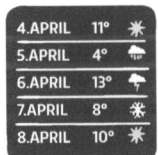

saadaal hawo

utabiri wa hali ya hewa

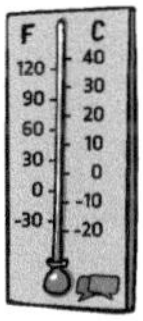
F
C
120
90
60
30
0
-30
40
30
20
10
0
-10
-20

heer-kul baare

kipimajoto

qorraxeed

mwanga wa jua

daruur

wingu

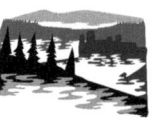

ceeryaamo

ukungu

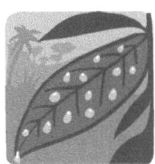

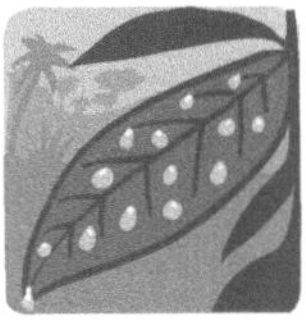

huur

unyevu

jac
....
umeme

onkod
....
radi

duufaan
....
dhoruba

roob-baraf
....
mvua ya mawe

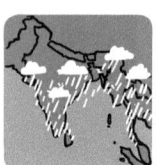

maansuun
....
monsuni

daad
....
mafuriko

baraf
....
barafu

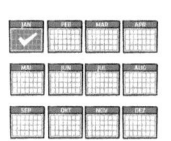

Jannaayo
....
Januari

Febraayo
....
Februari

Maarso
....
Machi

Abriil
....
Aprili

Mey
....
Mei

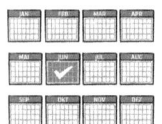

Juun
....
Juni

Luulyo
....
Julai

Agoosto
....
Agosti

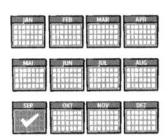

Sebteember
....
Septemba

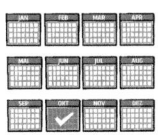

Oktoobar
....
Oktoba

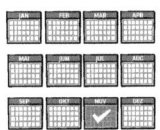

Nofeember
....
Novemba

Diseember
....
Desemba

qaababka
maumbo

goobaabo
....
mduara

afar-gees
....
mraba

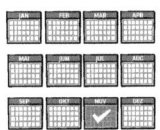

leydi
....
mstatili

saddex-xagal
....
pembetatu

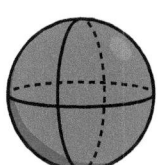

wareeg
....
nyanja

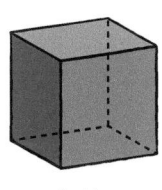

bokis
....
mchemraba

caddaan

nyeupe

hurdi

manjano

oranji

chungwa

guduud-khafiif

rangi ya waridi

casaan

nyekundu

carwaajis

hudhurungi

bluug

bluu

cagaar

kijani

boroon

hanja

cawl

jivujivu

madow

nyeusi

badan / yar

mengi / kidogo

caro / daganaan

hasira / pole

qurxoon / foolxun

nzuri / mbaya

billow / dhammaad

mwanzo / mwisho

yar / weyn

kubwa / ndogo

iftiin / mugdi

angavu / giza

walaalkaa / walaashaa

kaka / dada

nadiif / wasakhaysan

safi / chafu

buuxa / dhantaalan

kamilika / tokamilika

maalin / habeen

siku / usiku

dhintay / nool

wafu / hai

ballaaran / ciriiri ah

pana / nyembamba

la cuni karo / aan la cuni karin

kulika / kutolika

arxan-daran / naxariis-badan

ovu / ema

faraxsan / caajisan

sisimkwa / udhika

buuran / caateysan

nene / nyembamba

ugu horeeya / ugu dambeeya

kwanza / mwisho

saaxiib / cadaw

rafiki / adui

maran / buuxa.

jaa / tupu

adag / jilicsan

ngumu / laini

culus / fudud

nzito / nyepesi

gaajo / oon

njaa / kiu

xanuunsan / caafimaadsan

mgonjwa / mwenye afya

sharci-darro / sharci

haramu / kisheria

caaqil / dabbaal

akili / kijinga

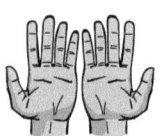

bidix / midig

kushoto / kulia

dhow / fog

karibu / mbali

cusub / duug

mpya / kutumika

waxba / wax

kitu / jambo

da' / dhalinyar

zee / changa

daaris / damin

waka / zima

furan / xiran

wazi / fungwa

aamusnaan / cod-dheer

utulivu / kelele

taajir / sabool

tajiri / masikini

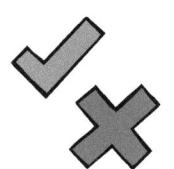

sax / khalad

sahihi / kosa

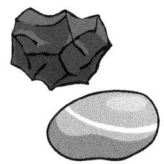

jilif leh / sabiibax

mbaya / laini

murugsan / faraxsan

huzunika / furahia

gaaban / dheer

fupi /ndefu

tartiib / dhaqsi

polepole / haraka

qoyaan / qalleyl

nyevu / kavu

qandac / qabow

joto / baridi

dagaal / nabad

vita / amani

0

eber

sufuri

1

kow

moja

2

laba

mbili

3

saddex

tatu

4

afar

nne

5

shan

tano

6

lix

sita

7

toddoba

saba

8

sideed

nane

9

sagaal

tisa

10

toban

kumi

11

kow iyo toban

kumi na moja

12
laba iyo toban
kumi na mbili

13
sadex iyo toban
kumi na tatu

14
afar iyo toban
kumi na nne

15
shan iyo toban
kumi na tano

16
lix iyo toban
kumi na sita

17
todoba iyo toban
kumi na saba

18
sideed iyo toban
kumi na nane

19
sagaal iyo toban
kumi na tisa

20
labaatan
ishirini

100
boqol
mia

1.000
kun
elfu

1.000.000
malyuun
milioni

Af ingiriis

Kiingereza

Ingiriiska Mareykanka

Kiingereza cha Marekani

Mandariinka Shiinaha

Kimandarini cha Uchina

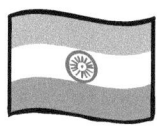

Hindi

Kihindi

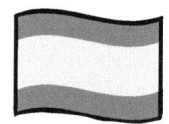

Boortaqiis

Kihispania

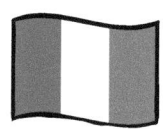

Faransiis

Kifaransa

Carabi

Kiarabu

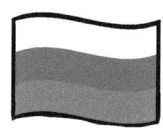

Ruush

Kirusi

Boortaqiis

Kireno

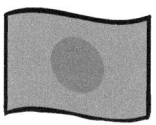

Bengaali

Kibengali

Jarmal

Kijerumani

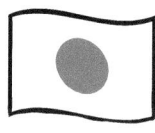

Jabaaniis

Kijapani

aniga

mimi

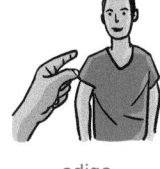

adiga

wewe

asaga / ayada

yeye / yeye / ni

annaga

sisi

idinka

wewe

ayaga

wao

kee?

nani?

maxay?

nini?

sidee?

jinsi gani?

xagee?

wapi?

goorma?

lini?

magac

jina

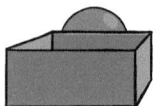

gadaal

nyuma

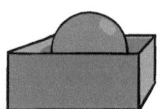

gudaha

katika

horta

mbele ya

ka sare

juu ya

dusha

kwenye

ka hooseeya

chini ya

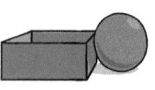

dhinac

kando

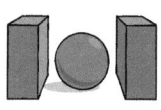

u dhexeeya

kati

meel

mahali